고인돌과
산의
생명형상

선인들이
아로새긴 숨결

下

고인돌과 산의 생명형상

발행일	2016년 1월 20일	
지은이	유자심	
펴낸이	유영미	
펴낸곳	인왕출판사	
출판등록	2015-000335	
주소	서울시 마포구 상암산로 1길 24, 404동 1001호	
전화번호	02-308-2356	팩스 02-308-2356

ISBN   979-11-956665-2-2 04910
       979-11-956665-0-8 04910(SET)

고인돌과 산의 생명형상

유자심 지음

선인들이
아로새긴 숨결

下

인왕출판사

머리글

　전작과 블로그를 통하여 고인돌과 산의 암반 혹은 바위에 생명형상이 새겨져 있음을 설명하였다. 하나의 고인돌이나 바위에 수많은 생명형상이 새겨져 있어, 가능한 한 많은 형상을 찾아내 실으려 했다. 하지만 이 과정에서 어느 정도 뚜렷하지 않은 형상도 싣다 보니 형상의 존재를 잘 알아보지 못하는 것으로 판단되었다.

　선인들은 형상을 새길 때 뚜렷하게 새기는 것에 주안점을 두지는 않은 듯하다. 무심코 보면 자연 바위로밖에 보이지 않는 것들이 대부분이다. 만약 현대의 조각품처럼 뚜렷한 형상들로 조성되어 있다면 인공미가 가득한 곳이 되어 보기에 불편할 것이다.

　이 책에서는 형상이 새겨져 있다는 것을 알아볼 수 있도록, 형태가 뚜렷한 형상 위주로 정리해 싣기로 한다. 뚜렷한 모양으로, 고인돌과 산의 암반 혹은 바위에 생명형상이 새겨져 있다는 것이 잘 드러날 거라 예상한다.

2015년(을미년), 가을

5장

관악산
암반의
생명형상

앞에서 고인돌, 암각화 등 사람이 행한 것이 분명한 것뿐만 아니라 계곡이나 공룡 발자국 화석지로 알려진 곳도 전면적으로 다듬어지고 생명형상이 새겨져 있는 것을 살펴보았다. 5장에서는 산에 생명형상이 새겨져 있는지를 보다 구체적으로 살펴보기로 하자.

일반적으로 개별 바위보다 암반에 뚜렷한 생명상이 새겨져 있는 경우가 많은 듯하므로, 능선의 등산로가 암반으로 이루어진 곳이 많은 것이 특징인 관악산을 대상으로 생명형상이 새겨져 있는지를 살펴보고자 한다.

관악산은 서울 쪽의 관악산 입구와 사당 방면, 과천 방면, 안양 방면에 걸쳐 여러 곳의 등산로가 있는데, 사람이 가장 많이 찾는 관악산 입구에서부터 학바위 능선을 먼저 살펴보고, 이후 여러 등산로와 정상의 암반을 보기로 한다.

1. 관악산 입구

관악산 입구에는 낙엽으로 덮여 있는 곳에 바위들이 많이 놓여 있는데, 흙으로 덮여 있는 곳에 이런 바위들이 자연적으로 존재하기는 어려워 보인다.

크지 않은 여러 바위에 나타나 있는 쐐기홈과 잘려 있는 모습은 사람의 손길이 닿아 있음을 말해주고 있다.

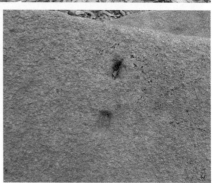

생명형상이 나타나 있는 바위.

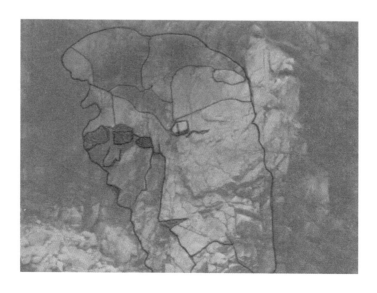

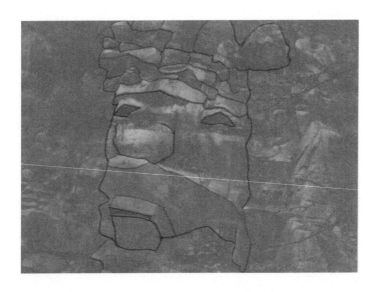

밑면이 매끈하게 다듬어진 바위가 인물상의 모자로 보인다.

위쪽의 바위를 다른 방향에서 바라보면 고인돌처럼 바위 위에 올려져 있으며 돼지 형상을 나타내는 듯하다.

바위에 한문과 한글이 새겨져 있다. 글자와 함께 회색의 물질이 보이는데 이천 지석리 고인돌의 잘린 부분에 나타나 있는 것과 유사해 보인다.

글자들의 형상을 조성하였다.

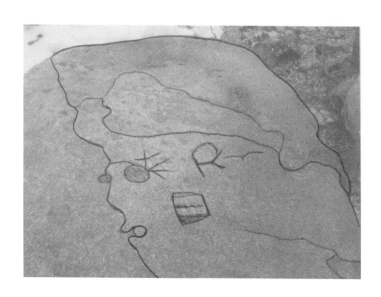

바위들이 형상을 나타내고 있다.

2. 학바위 능선

학바위 능선은 암반으로 이루어져 있는 곳이 많은데, 이 암반들이 전체적으로 다듬어진 것이라면 많은 형상이 새겨져 있을 것이다.

실제 암반에 수많은 형상이 새겨져 있는데, 그 규모와 형태가 다양하고 뚜렷함에도 차이가 많아 유형별로 구분하는 것이 의미가 없어 보인다.

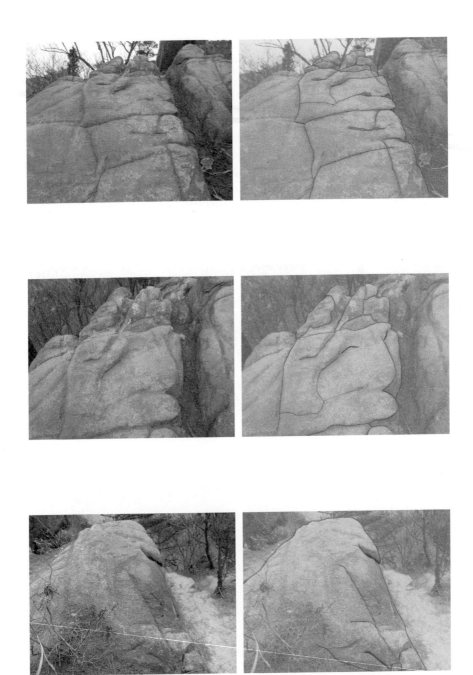

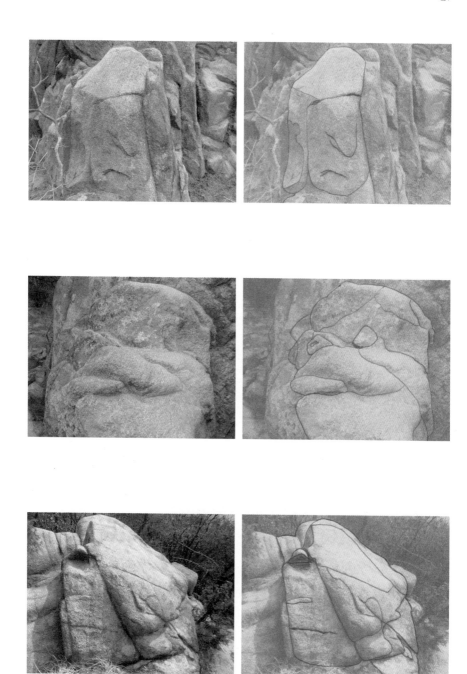

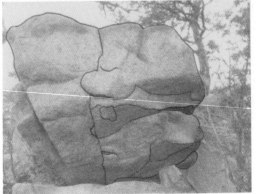

양눈과 입이 뚜렷하다.

위 바위의 다른 쪽 모습. 우측 눈 부위가 튀어나와 있어 강렬한 인상이다.

암반에 뚜렷하게 눈이 표시되어 형상을 이루었다.

위의 암반에 나타나 있는 형상을 살펴보자.

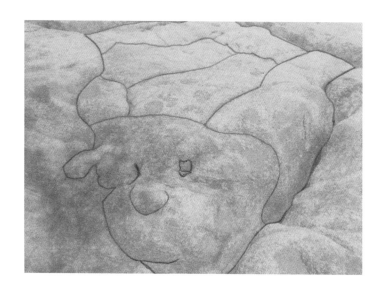

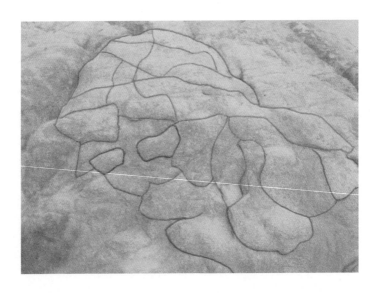

암반이 형상을 이루고 있다.

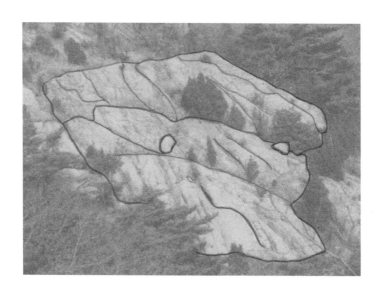

위의 암반에 나타나 있는 형상을 살펴보자.

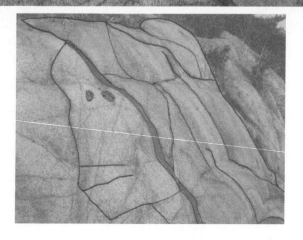

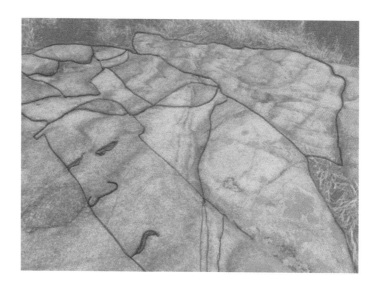

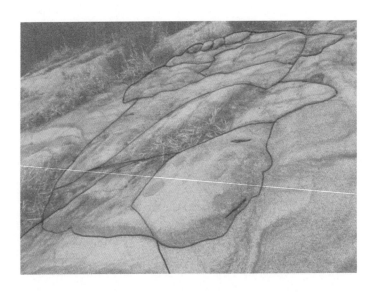

암반에 다양한 형태로 나타나 있는 형상들을 살펴보자.

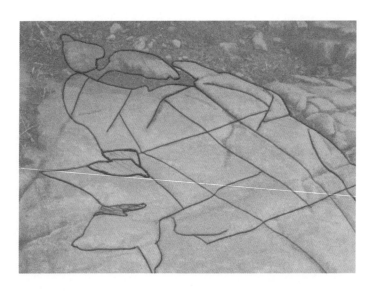

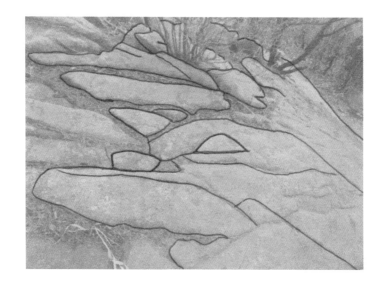

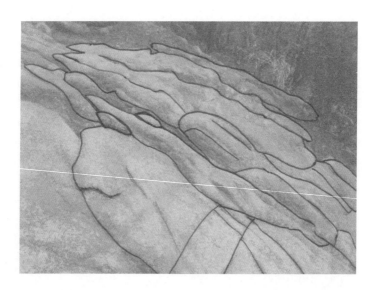

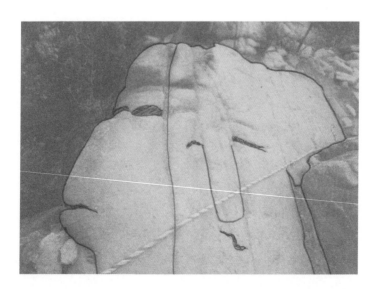

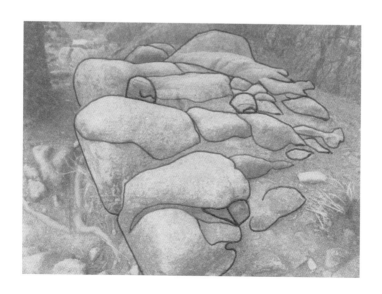

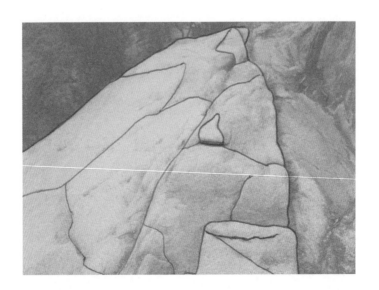

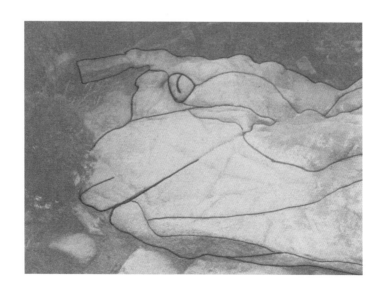

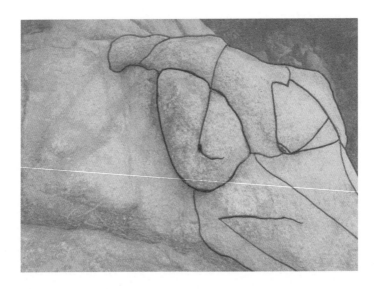

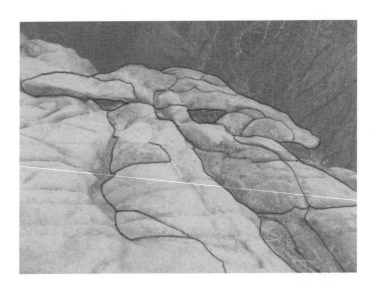

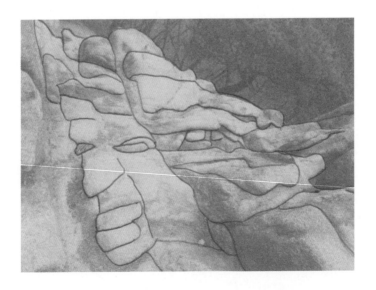

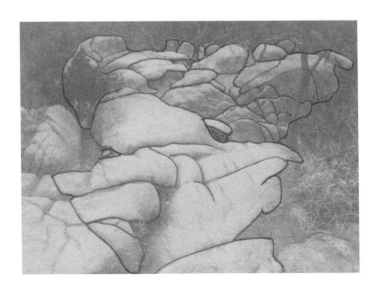

갑자기 개가 나타났다.

안반에 개 형상이 새겨져 있다.

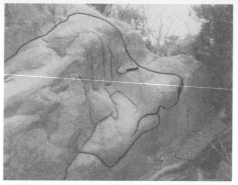

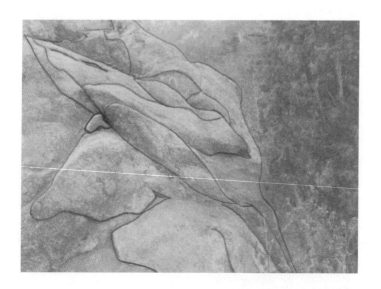

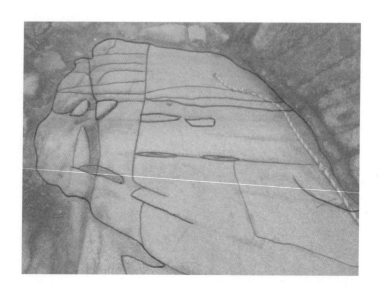

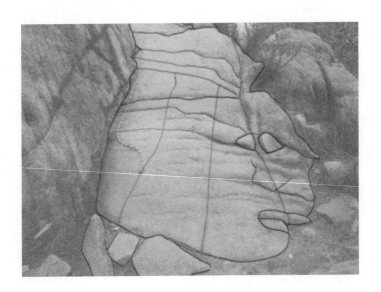

먼 곳을 바라보고 있는 듯한 사람 뒷모습의 형상.

물이 고여 눈을 이루었다.

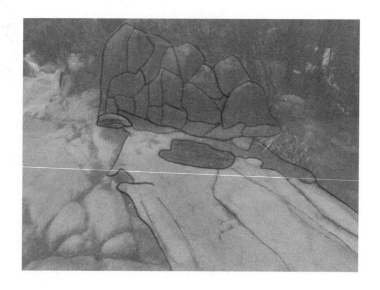

두 바위의 아래쪽 공간에 드리워진 명암이 형상의 눈을 이루고 있다.

두 바위가 형상의 눈을 이루었다.

학바위 능선에서 바라본 봉우리나 다른 능선의 암벽들에 나타나 있는 형상이다.

선들이 나타나 있지 않아 그림을 그리기가 어렵다.

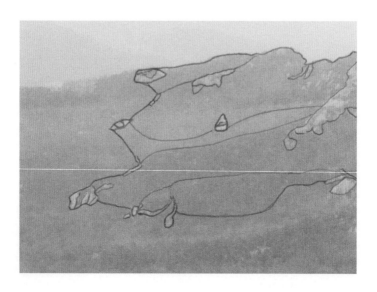

능선의 정상 부근에 놓여 있는 쐐기홈 자국이 나타나 있는 바위. 학바위 능선에 선인들의 손길이 닿은 것을 확인시켜 주고 있다.

3. 여러 등산로의 생명형상

관악산은 능선에 바위가 많이 드러나 있는 험한 산으로 등산 초보자는 주의하여야 할 곳이 많으며, 규모도 커서 여러 곳의 등산로가 있다.

학바위능선에서 살펴보았듯이 능선상의 암반에는 수많은 형상들이 새겨져 있는데 등산로가 아닌 곳에도 수많은 암벽이나 바위가 있으므로 전체적인 형상의 규모는 가늠하기 어려울 것이다.

여기에서는 앞에서 살펴본 관악산 입구와 학바위능선 이외의 여러 곳의 등산로에 나타나 있는 수많은 형상 중에서 뚜렷한 것을 위주로 살펴보고자 한다.

책이라는 한정된 여건으로 답사한 사진자료 중에서 두세 곳의 등산로만 비교적 세세하게 다루고, 다른 곳들은 간략하게만 간추렸다.

여기에 사진자료가 적게 실려 있는 곳들도 더 많은 뚜렷한 형상들이 존재하며 여기에서 살펴본 등산로 외에도 많은 등산로가 있다는 점을 감안하여야 할 것이다. 어떤 식으로 형상들이 새겨져 있는지 어느 정도 살펴보았으므로, 앞으로는 지금까지 살펴본 유형들과 다른 것과, 쉽게 알아보기 어려워 보이는 것을 중심으로 설명그림을 그리기로 한다.

1) 자운암, 왕관바위 방면
뚜렷한 인물상

넓게 펼쳐진 다음 암반에 많은 형상이 새겨져 있다.

붉은빛의 선이 형상을 조성하고, 우측면에 홈이 크게 파이며 뒷머리카락을 이루었다.

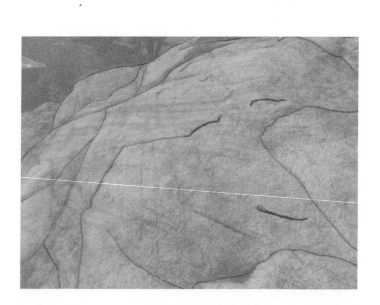

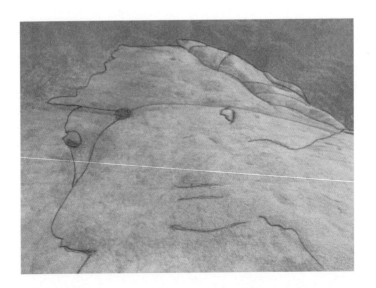

124

2) 자운암 좌측 능선

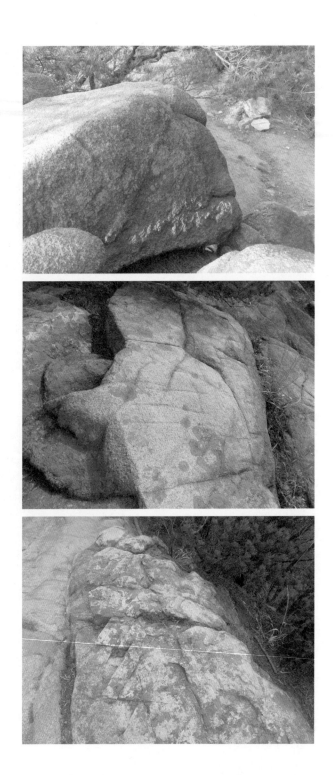

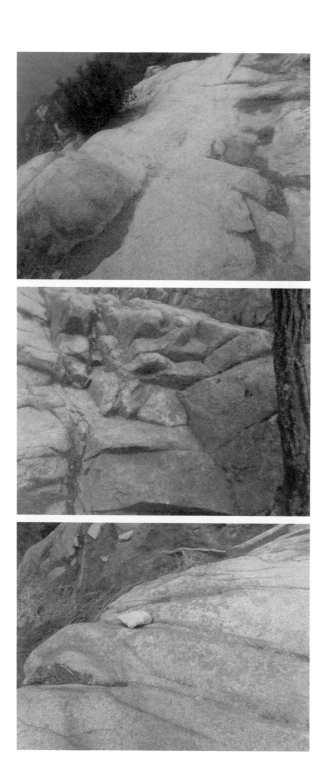

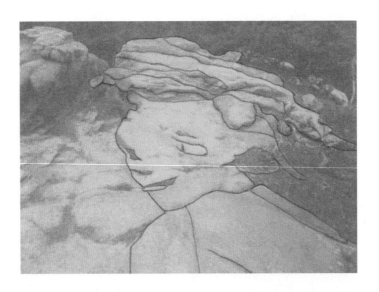

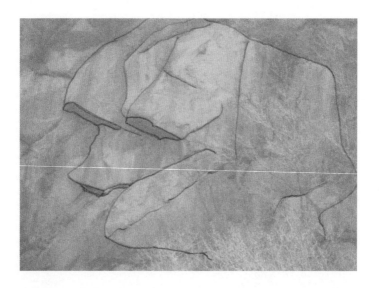

3) 자운암능선

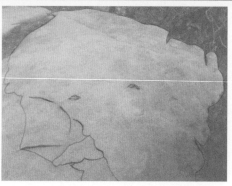

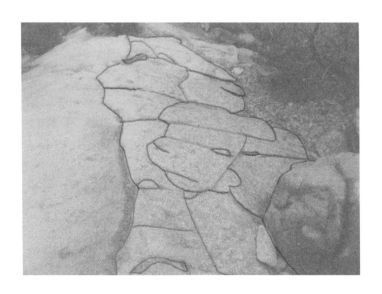

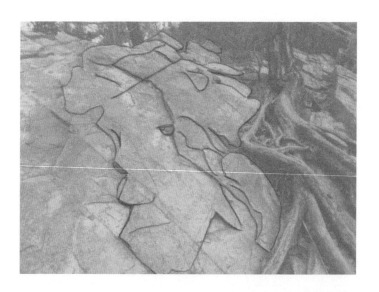

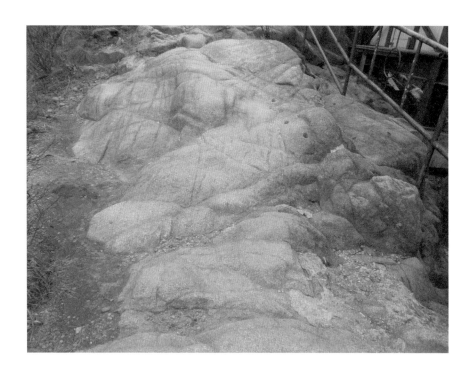

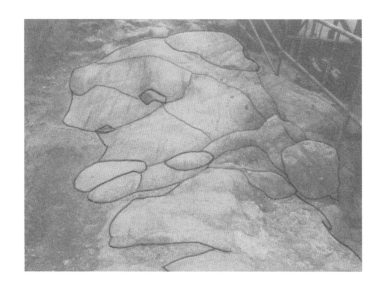

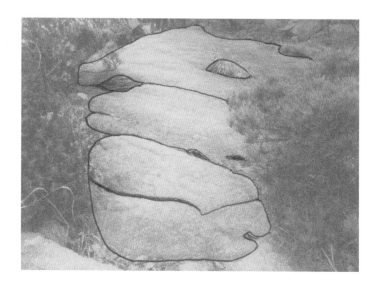

164

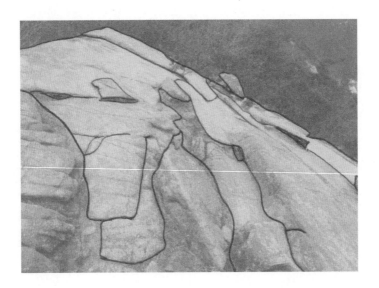

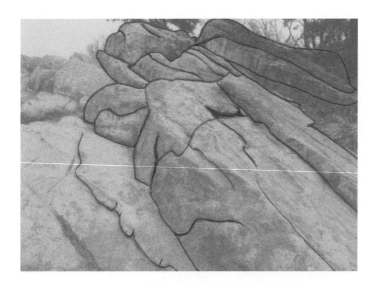

바위들이 고인돌처럼 바위 위에 올려져 있다.

토끼바위라 이름 붙여진 바위이다.

작은 바위로 고여진 모습이 고인돌과 같다.

토끼가 움츠리고 있는 모습으로 바위의 형태 자체가 토끼의 형상이며, 둥그런 눈이 새겨져 있다.

토끼바위의 반대쪽 모습으로 사람이 눈을 표시한 것이 분명한데, 사람 동물 등의 특정할 수 있는 형상이 아니어서 후대에 누군가가 새겼다고 볼 수 없을 것이다.

토끼바위가 한 눈이 되어 옆에 있는 바위와 함께 두 눈을 표시하고 있다. 중간에 놓인 작은 바위가 코가 되며 앞쪽의 바위에 입을 표시하였다.

4) 과천 백운정사 방면

계곡에 나타나 있는 형상.

쐐기홈이 새겨진 바위

검은 색감의 선들이 형상을 조성하였다.

다양한 형상

184

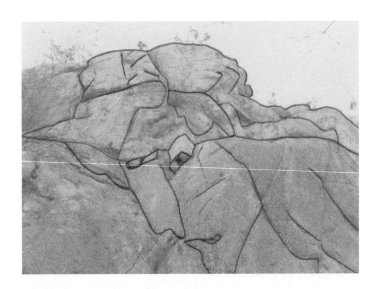

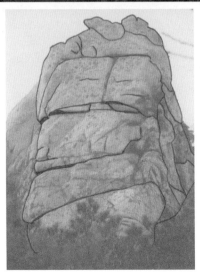

모자를 쓰고 있는 듯하다.

돌을 쌓아 머리카락 형태를 나타내었다.

세 개의 바위가 형상을 조성하고 있다. 아래쪽 바위의 생명형상이 뚜렷하다.

위태롭게 앉아 아래를 내려다보고 있는 듯하다.

두꺼비바위라 이름 붙여진 바위.

이름 등을 지운 것으로 생각하기 쉬운데, 지운 부분이 마치 사람들이 서 있는 것처럼 보인다.

능선이 다듬어져 둥근 바위가 눈을 표시하고 있다.

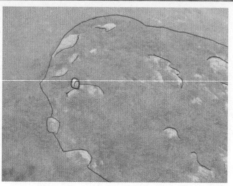

5) 육봉능선 방면

육봉능선 등산로는 험하여 현 상태에서는 일반인은 등반을 금하여야 할 것으로 생각된다.

인물상이 나타나 있다.

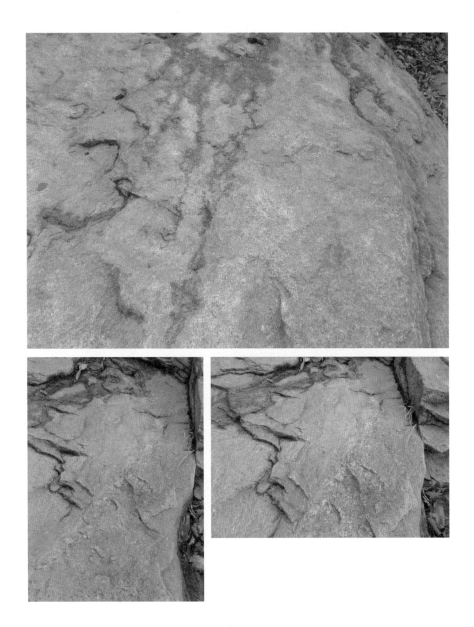

붉은색의 선이 형상을 이루고 있다.

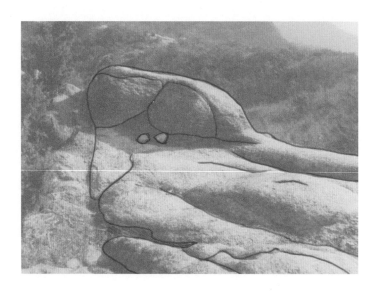

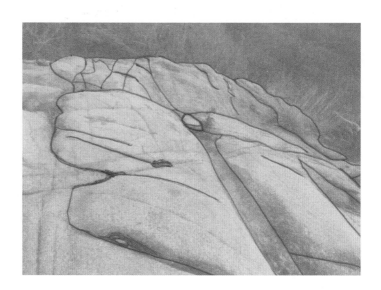

다양한 형상.

암반에 눈과 입, 턱선이 새겨지고 위에 놓인 바위들이 머리카락을 올려 묶어 놓은 듯하다.

6) 낙성대 방면

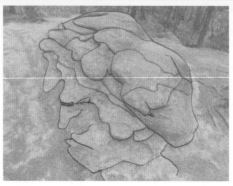

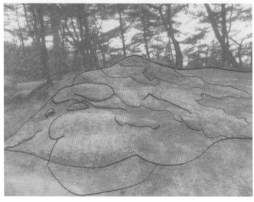

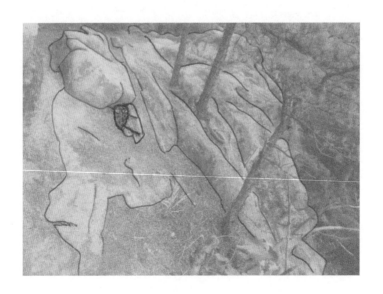

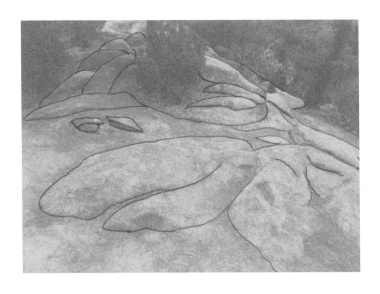

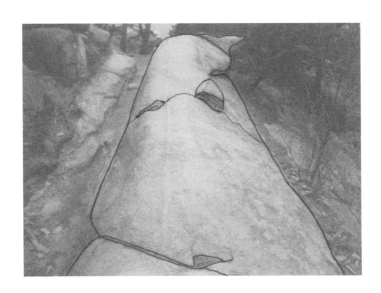

흙으로 이루어진 외곽선이 형상의 뒷부분을 이루고 있다.

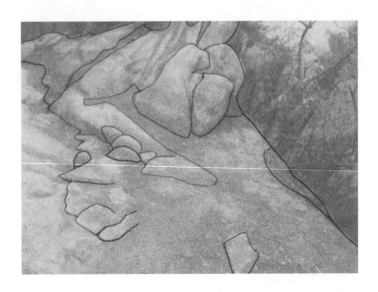

7) 사당능선

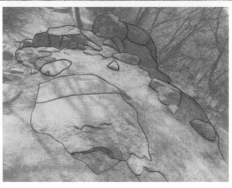

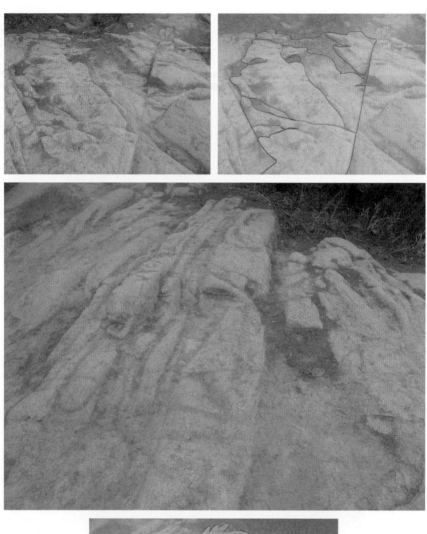

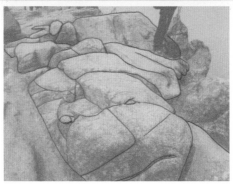

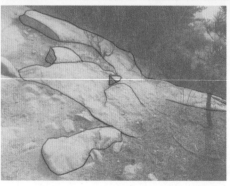

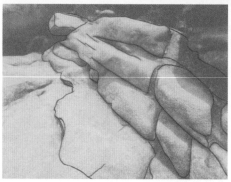

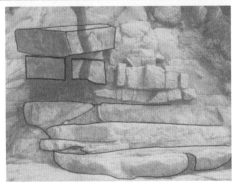

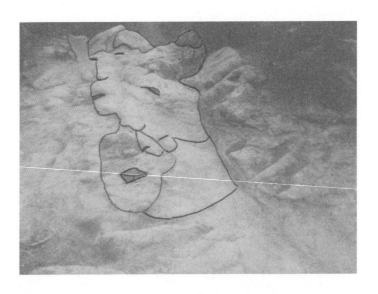

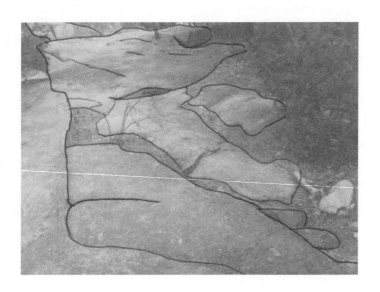

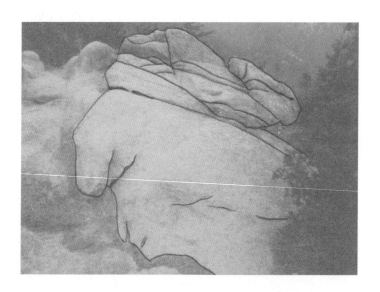

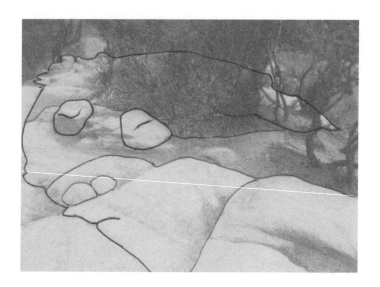

손등처럼 보인다.

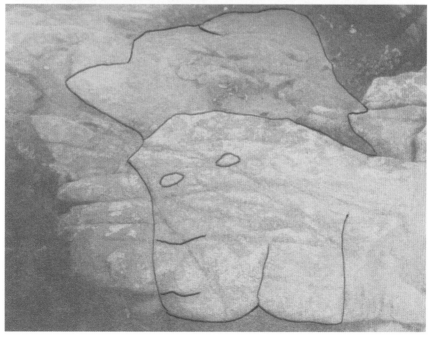

글자를 이용하여 인물상을 새겼다.

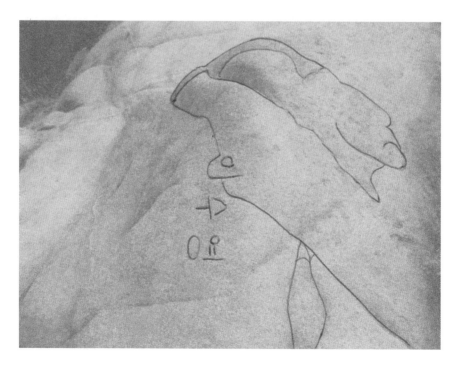

고인돌처럼 바위에 고여져 있는 바위와, 마주 보이는 능선에 나타나 있는 형
상을 보자.

마주 보이는 능선의 흰색 암벽에 나타나 있는 형상.

바위로 이루어진 길이 주는 등산의 묘미와 더불어, 많은 형상이 새겨져 있으나 지금껏 드러나지 않았을 정도로 자연스러움을 간직한 관악산. 계곡에도 많은 바위들이 있었을 것인데 지금 그 계곡의 하나인 사당 쪽은 어떤 모습일까?

8) 과천향교 방면

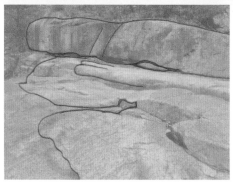

암반에 뚜렷한 인물상이 나타나 있다.

계곡 바위의 쐐기홈.

바위에 여러 줄의 쐐기홈이 나타나 있다.

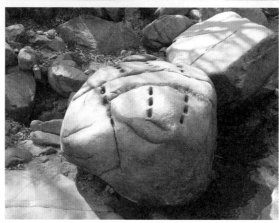

쐐기홈이 눈과 코를 이루며 형상을 조성하였다.

쐐기홈이 새겨진 바위가 한 눈을 이루며 주변 바위와 함께 형상을 조성하고 있다. 우측 암반에 앞에서 살펴보았던 인물상이 보인다.

9) 용마길, 북용마길

과천 정부종합청사역에 진열되어 있는 나무 형상.

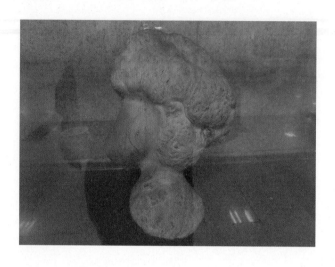

다양한 형상.

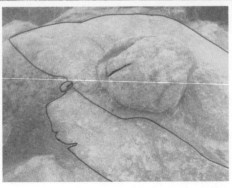

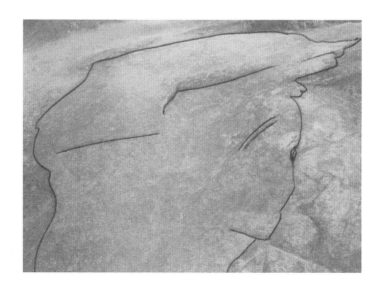

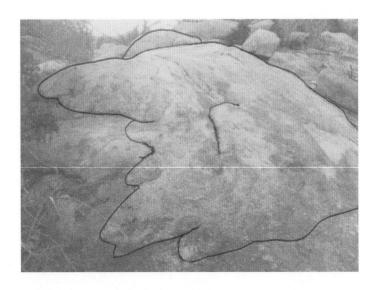

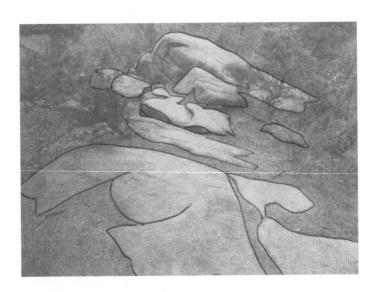

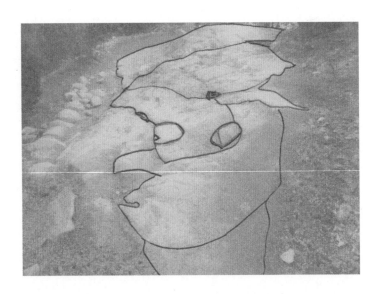

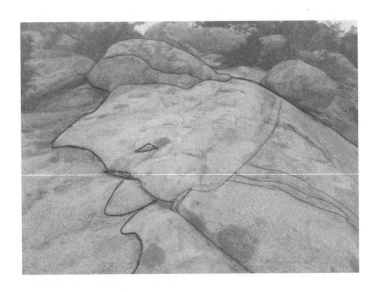

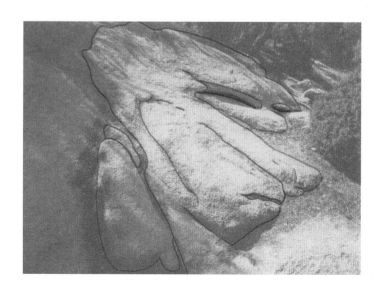

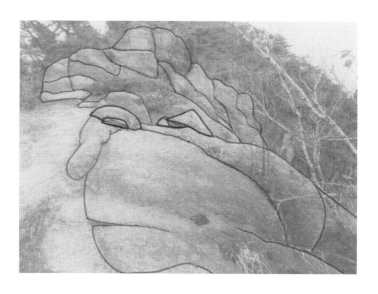

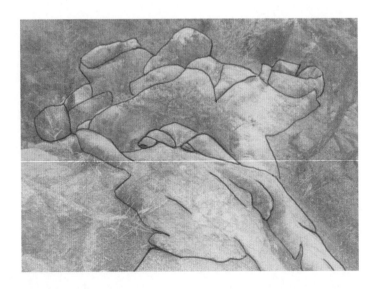

붉은 빛의 선이 형상의 윤곽선을 이루었다.

흙으로 이루어진 능선길 양쪽에 바위가 놓여 있다.

위의 암반에 나타나 있는 형상.

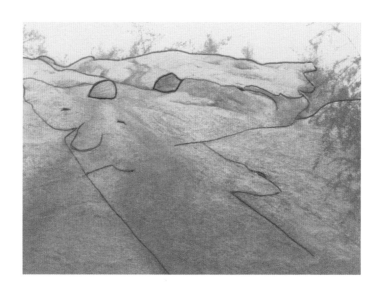

306

10) 삼성산 노선

관악산과 이어져 있으며 관악산 입구에서 좌측에 있는 산이 관악산이고 우측이 삼성산이다.

여기에 관악산처럼 많은 형상들이 나타나 있다.

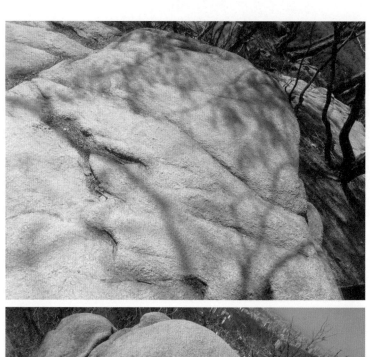

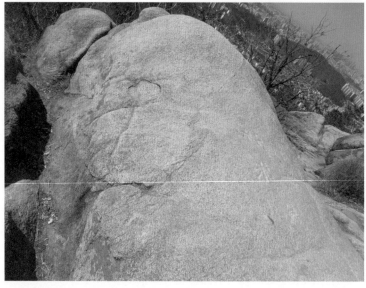

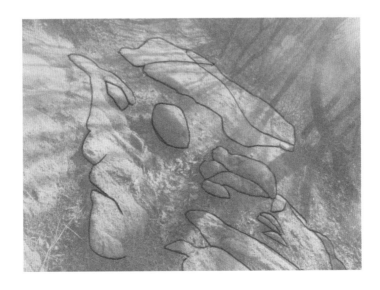

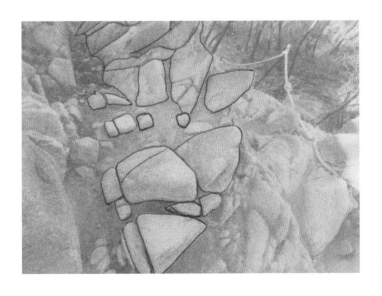

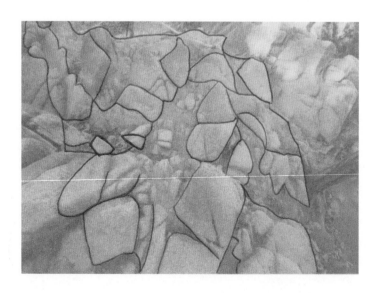

바위면에 흰색의 바위들이 붙어 있으며 형상을 이루고 있다.

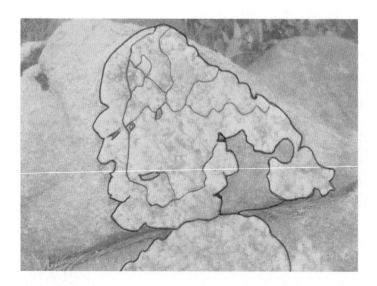

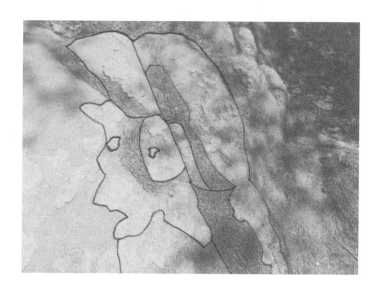

검은색으로 눈을 그려 놓았다.

다음의 형상은 바위가 단단하지 않아, 많은 사람이 밟으면 변형될 수 있어 보호조치가 필요해 보인다.

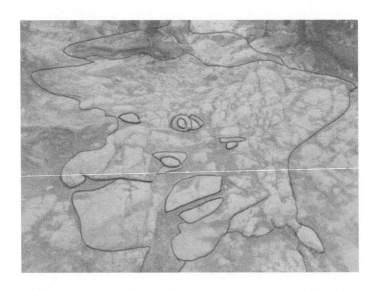

관악산에는 유난히 국기봉이라 이름 붙여진 곳이 많다. 이곳엔 태극기가 휘날리고 있는데 인구 밀집지역에 자리잡고 국기를 꽂기에 적당한 바위들이 많기 때문일 것이다.

삼성산 국기봉 아래에 나타나 있는 형상.

338

바위에 한글로 이름이 새겨져 있는데 글자가 반듯하지가 않다. 이를 통하여 형상을 조성하였다.

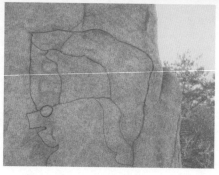

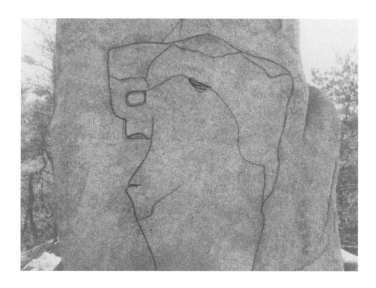

평평한 작은 바위에 '서大'라고 새겨져 있는데 그 뜻을 알기 어렵다.

생명형상을 찾아보아도 나타나지 않으니 근래에 새긴 것으로 추정하여야 할 듯하고, 더 이상 판단이 어려웠다.

얼마쯤 지나 암반에 앞의 것보다 희미하게 '서大'라고 또 새겨져 있다. 무심코 보면 글씨가 있는지 알아보기 어려운 위치이며 글씨 자체도 얕게 새겨져 희미하다.

두 번 새겨 놓았으니 반드시 의미가 있을 것이나 파악하기가 쉽지 않다.

후일 사진을 보다가 퍼뜩 서울대학교를 말하는 것이라는 생각이 들었다.

보통 머리글자에 '大'를 붙여 약어로 대학을 지칭하는데 서울대학교를 서대 (大)라고 하지는 않는다. 그러니 '서大'를 서울대학교라고 생각하지 못한 것이다.

두 번째 글씨가 새겨진 곳을 자세히 보니 글씨 주위의 네모를 이루는 선의 우측 부분이 길게 이어지고 있고 '大'자가 위쪽에 치우쳐 있다. 깊게 새겨진 첫 번째 장소의 '大'자는 반듯한 글자체여서 '大'자가 치우쳐 있는데는 이유가 있을 것이다.

　뒤로 치우쳐 있고 반듯하지 않은 '大'자의 한 획이 둥글게 반원이 되어 '서'자
와 함께 형상의 눈을 표시하고 있다.

'서犬'가 생명형상을 나타내고 있어 이를 선인들이 새겼다는 것이 될 것이다.

이 부근에서 서울대학교가 잘 내려다보인다.

그렇다면 선인들이 서울대학교가 관악산 아래에 자리잡을 것을 내다보고 있었다는 것이 되며, '서犬'는 예언을 적어 놓은 것이 될 것이다.

지리산 고운동 반천(反川) 계곡에 양수댐이 들어서 물이 흘러내려갔다가 다시 위로 오르게 되는 것이나, 비상리(飛上里), 비하리(飛下里) 지명을 가진 곳에 청주비행장이 들어서 비상리 쪽에서 비행기가 이륙하고, 비하리 쪽에 착륙한다는 것과 비슷할 것이다.

이 예언은 서울대학교가 이곳에 자리잡은 이후에 그 의미가 밝혀질 것이므로 서울대학교 이전 이후의 시기가 어떤 의미가 있음을 의미할 것이며, 반천계곡과 비상리, 비하리도 마찬가지이므로 이들 예언이 현대에 맞추어져 있는 것은 아닐까 생각된다.

한 가지 더 논의해야 할 것은 한글과 한자가 함께 사용되고 있다는 점이다.

세종대왕 이전에 이 글이 새겨졌다면 세종대왕이 한글을 창제하기 이전에도 한글이 사용된 적이 있었다는 것을 의미하며, 고인돌 조성 시기에 새겨졌다면 이때 이미 한자가 한글과 함께 사용되고 있었다는 것이 될 것이다.

필자는 블로그에서 울주 천천리각석 하단의 한자들이 생명형상과 관계가 있으며, 천천리각석 조성 시기가 신석기 또는 청동기시대로 추정되므로 한자가 청동기시대 이전에 한반도에서 사용되고 있었다고 판단하였다.

한자의 기원에 관하여는 소설 『글자전쟁』을 참고하면 좋을 듯한데 한국말이 한자의 발음기호라는 글이 나온다. 어떤 한자는 우리말로 발음할 때 정확하다고 한다. 한자의 성립에 동이족의 영향이 컸다고 하며 한글 전용 교육은 이러한 점을 간과한 것으로 보는 듯하다.

한자는 사고력을 키워주는 강점이 있는데 우리말에서 사고와 관련된 단어는 한자어가 많다. 이런 단어에 약하면 독서에 어려움을 느끼게 되고 책을 멀리하게 된다.

한글 전용 교육이 길어지면서 우리 사회 일부분의 가벼워짐의 요인이 되지 않았나 생각한다.

가령 한류의 예를 보자.

어느 국가도 스스로 자국 국가명에 '류'를 붙여 말하지 않는다. 이는 타국에서 말할 수는 있어도 스스로가 말하는 것은 아닐 것이다.

내용 있는 드라마에서 시작된 것이 가요계까지 가세하였는데, 초창기에는 국가가 나서서 미성년자를 내세우는 것을 의아해하는 외국의 기사 등 비판적인 보도도 있었으나 지금은 전혀 그렇지 않게 되었다.

산업사회로 물질화, 서구화 등 여러 요인이 있겠지만 한글 전용이 되며 사회 전반의 사고력이 약해진 것도 어느 정도 영향이 있을 것이다.

타국의 젊은이들에게까지 영향을 미치는데 그것이 어떤 영향인지를 깊이 생각해 보아야 할 듯하다.

한류라는 명목하에 행하여지는 일로 일시적으로 돈을 벌 수는 있겠으나 젊은이들의 심성이 흐트러지면 선인들이 추구하였을 정신의 세계와 점점 더 멀어지게 될 것이다.

쐐기홈이 새겨진 바위.

쐐기홈이 있는 곳 가까운 바위에 잔 모양이 새겨져 있다.

잔의 받침 부분이 형상의 눈을 표시하는 듯하고, 잔의 아래쪽으로 선이 깊게 그어져 형상의 윤곽선을 이루고 있어 이를 선인들이 새긴 것을 알 수 있다.

그런데 잔의 모양이 현대의 것과 닮아 있다.

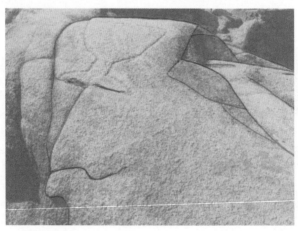

잔의 아래쪽 그어진 선이 형상을 조성하기 위한 것만은 아닌 듯하며, 선이 형상을 조성하는 기능이 있음을 알리려는 의도가 있을 것으로 판단된다.

11) 안양노선

계곡 암반에 나타난 형상.

붉은 빛의 색감이 형상을 조성하였다.

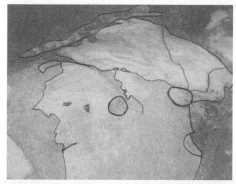

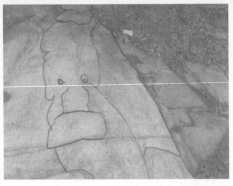

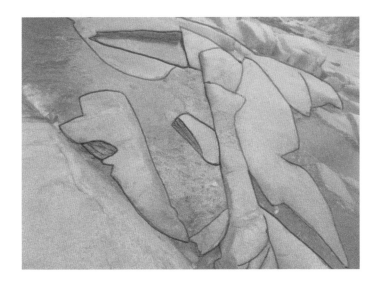

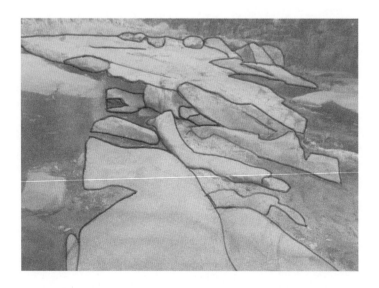

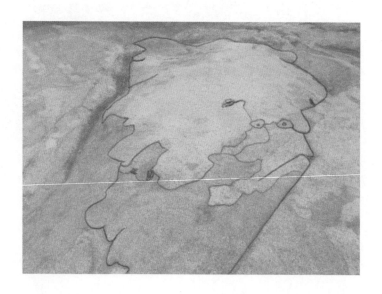

다양한 형상

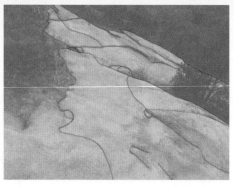

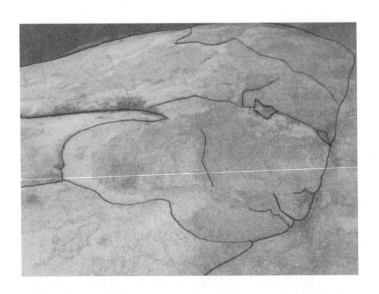

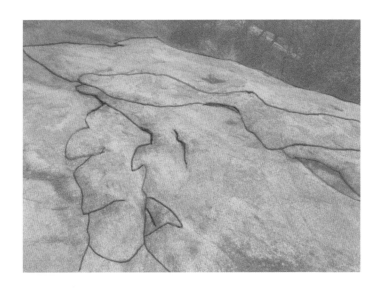

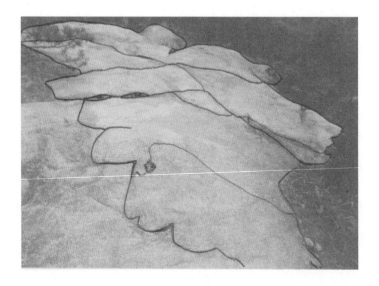

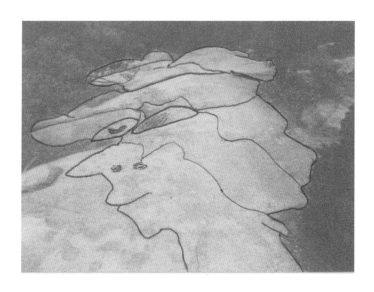

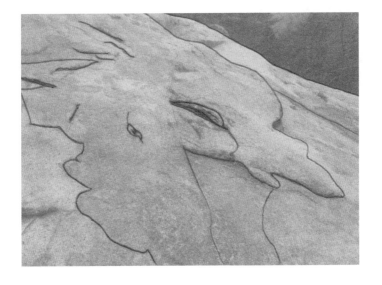

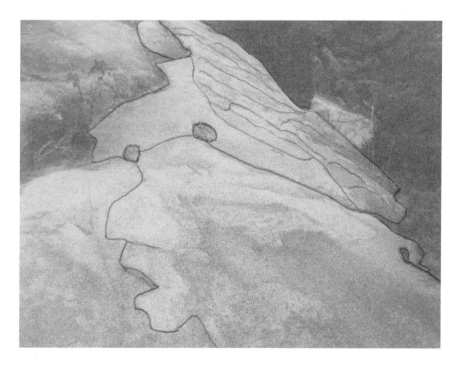

위의 형상 안에 다음 이어나오는 세 형상이 포함되어 나타나 있다.

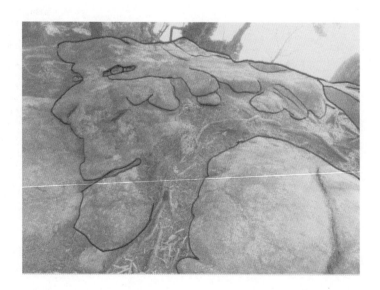

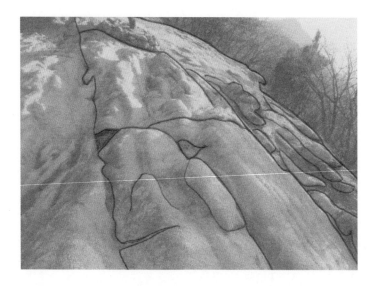

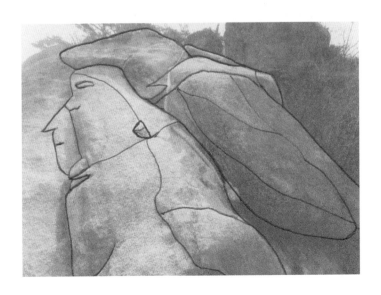

384

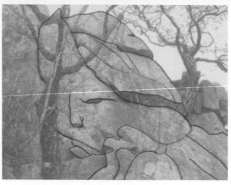

잘려져 있는 바위

글자 '안'의 ㄴ 받침 시작부분이 마주 보는 양 형상의 눈이 되며 형상이 겹쳐
있다.

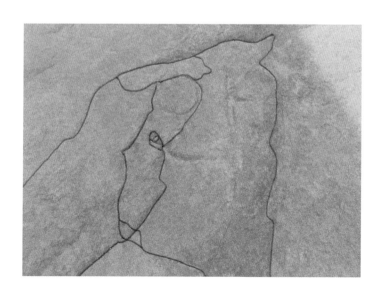

글자 안이 크게 새겨져 형상의 눈과 코를 표시하였다.

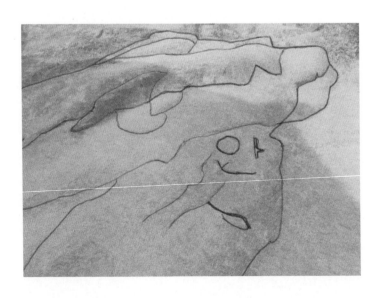

두 바위가 눈의 역할을 하고 있다.

우측 바위는 서 있는 사람의 형상이 뚜렷하다.

12) 팔봉능선

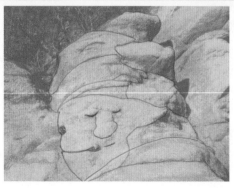

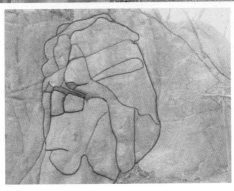

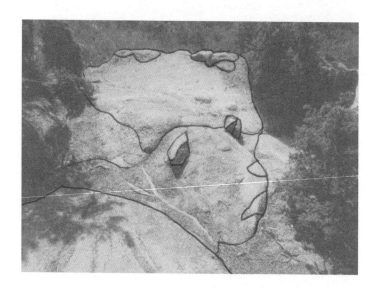

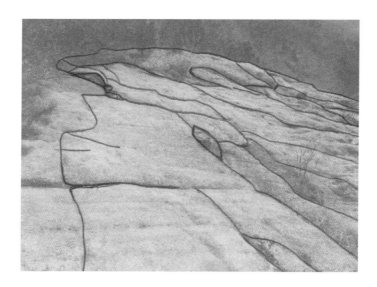

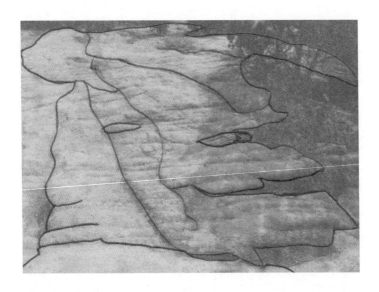

414

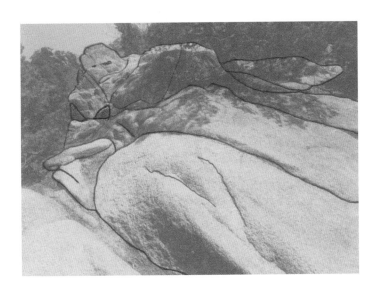

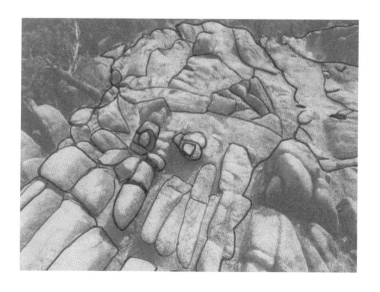

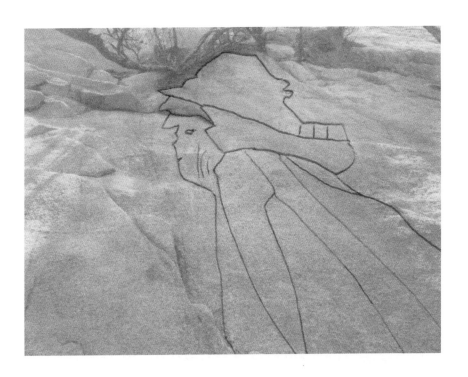

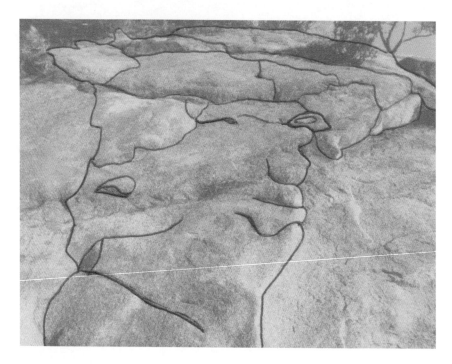

고인돌처럼 고여져 있는 모습의 바위.

다른 산에서는 보기 어렵고, 관악산에서도 팔봉능선에서만 발견한 여러 갈래로 나뉘어 서 있는 모습의 바위들.

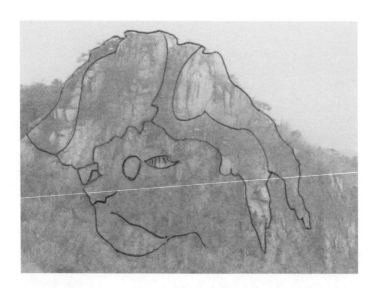

산 능선 암벽에 여러 형상이 나타나 있다.

올려져 있는 두 바위가 눈을 나타내는 듯하다.

둥그런 바위가 튀어나온 눈처럼 보인다.

위의 둥그런 바위면에 고인돌에서 보던 무늬가 새겨져 형상을 표현하고 있다.

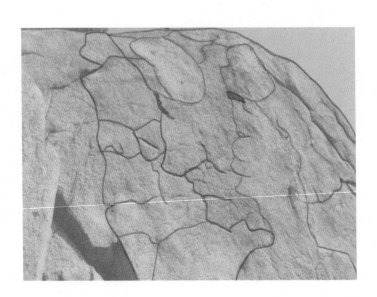

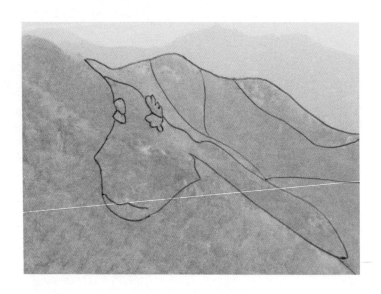

다음 형상에 나타나 있는 글자는 쐐기홈처럼 일종의 표시일 것이다.

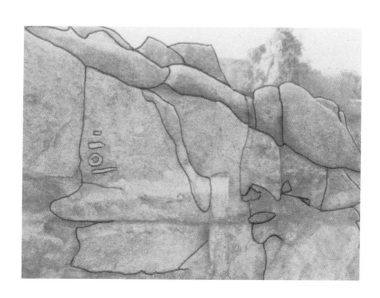

팔봉능선의 모습.

등산로가 험하여 등산 초보자들만의 산행은 금하여야 할 것이다.

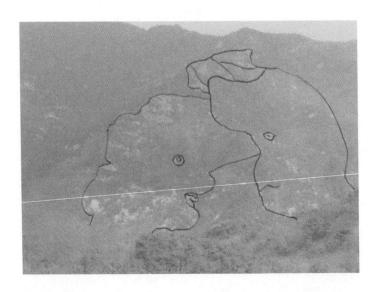

4. 관악산 정상

넓은 암반이 물고기 형상을 이루고 있고, 큰 바위 하나가 덩그러니 놓여 있다.

놓여 있는 바위가 바닥 형상의 모자로 보인다.

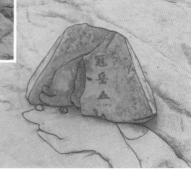

위 바위의 뒤쪽 모습으로, 홈으로 눈을 표시하고, 바위를 잘라내어 입을
표시하였다.

컴퓨터 사진 인쇄창의 사진이 갑자기 세로로 보여 발견한 형상. 옆으로 누운
얼굴 형상으로서, 원래 상태에서는 발견하기 어려운 형상이다.

우리나라 산의 정상부나 넓은 암반에 크고 작은 바위들이 올려져 있는 경우가 많다.

북한산 백운대나 인수봉 정상에도 바위가 있다. 이를 정상석이라 부를 수 있을 것이다.

이곳 관악산 정상 암반 위의 바위도 이와 같은 것이라 생각된다.

이 바위는 암반을 다듬을 때 분리되어 나왔거나, 다른 곳에서 옮겨 왔을 것이다.

정상 조금 못 미쳐 암벽이 드러나 있는 곳의 아래쪽에 바위들이 거의 없다.

이렇게 크게 바위들이 잘려져 나간 것이 분명한 곳 아래에 바위들이 없다면, 그 바위들은 옮겨졌을 것이다.

암반에 나타나 있는 형상을 살펴보자.

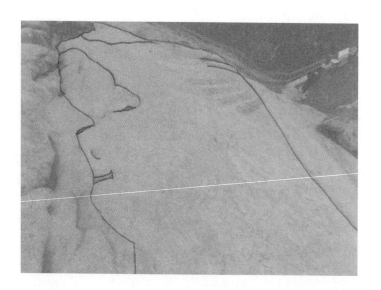

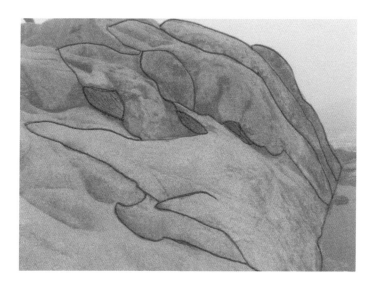

정상 조금 아래쪽 바위에 나타나 있는 쐐기홈.

정상 암반에 형태가 다른 쐐기홈이 있다.

쐐기홈 앞쪽에 홈을 파 눈을 표시하였다.

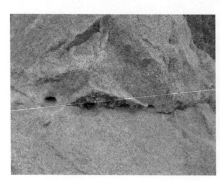 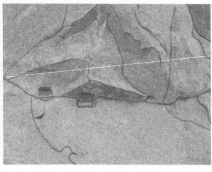

가늘게 선들이 그어져 있는데 기계칼로 자른 듯하다.

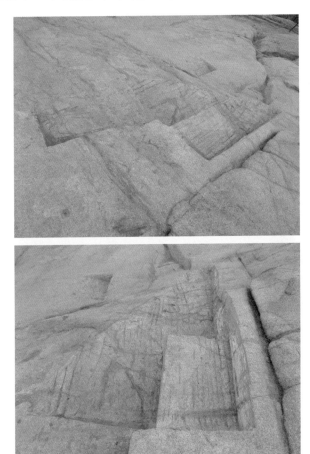

흰색의 페인트처럼 보인다.

위쪽 잘라낸 곳이 형상의 윤곽선을 이루고 있다.

회색의 물질이 관악산 입구에서 보았던 것과 유사해 보인다. 수직면에 나타나 있어 우연하게 묻을 수 없는 위치이다.

고인 물이 눈을 표시하였다.

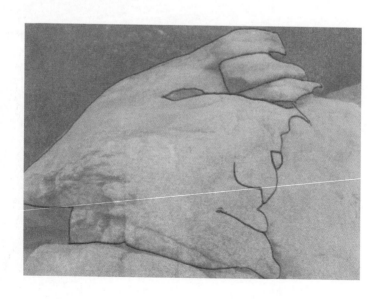

큰 바위구멍이 물고기 형상의 눈을 나타내었다.

정상 부근의 암벽에 글자가 형상을 나타내었다.

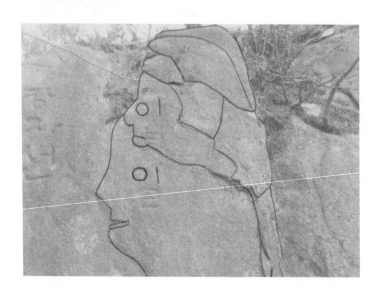

두 눈과 입의 표시가 뚜렷한 형상의 바위면에 두 개의 작은 구멍이 보인다.

구멍에 맞추어 새겨진 한자의 획이 형상의 윤곽선을 이루고 구멍은 눈을 표시하고 있다.

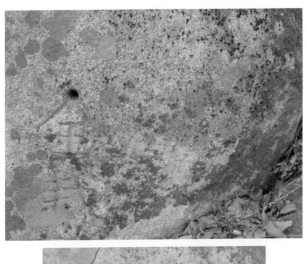

정상 암반에 새겨져 있는 글자를 이용하여 형상을 표현한 것을 살펴보자.
'한'이 형상의 눈으로 보인다.

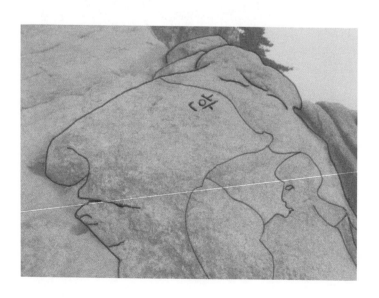

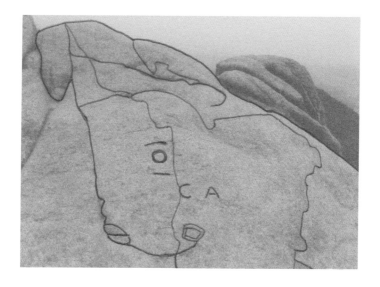

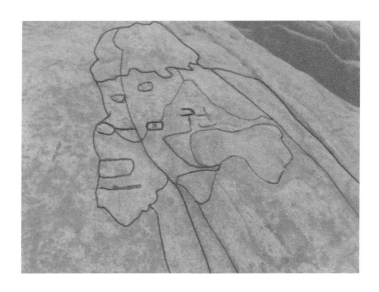

글자와 붉은 빛의 선이 형상을 이루었다.

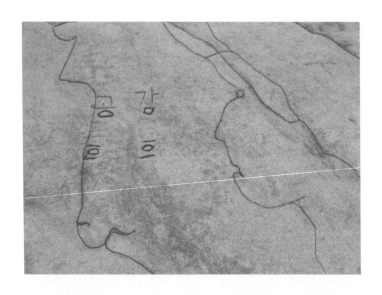

한자를 이용한 인물상.

희미하게 새겨져 있는 한글과 한자를 이용한 인물상.

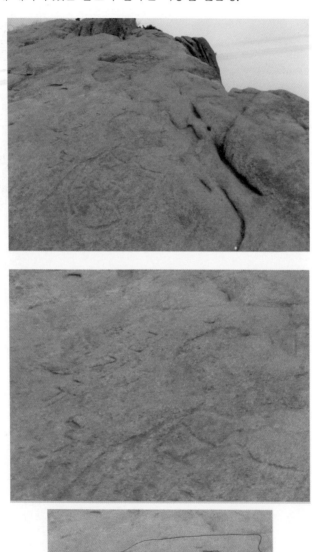

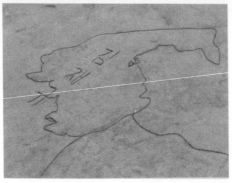

조각하듯이 형상을 새겨 놓았다.

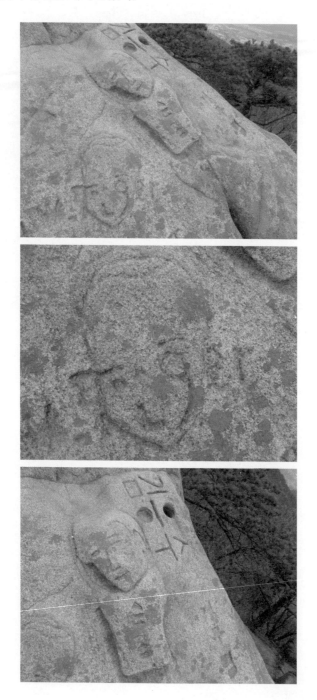

붉은 빛의 선이 얼굴의 윤곽선과 정확하게 겹쳐지고 있다. 선들이 자연적인 것이 아님을 알 수 있다.

이름의 두 원이 깊게 패어 있다.

두 원이 형상의 눈을 표시하는 듯하다.

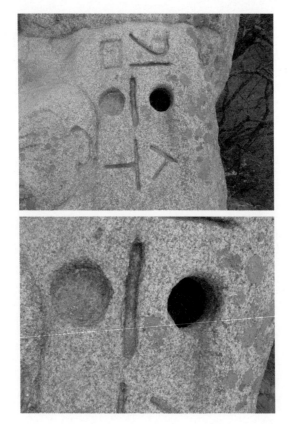

작은 홈이 형상의 눈을 표시하였다.

자음 'ㄱ'이 위의 홈과 유사한 모양으로 눈을 표시하였다.

하트 모양의 눈

정상에서 아래쪽을 바라보고 있는 인물상. 바위면에 서 있는 인물상이 새겨
져 있으며 글자의 획이 눈, 코 등을 나타내었다.

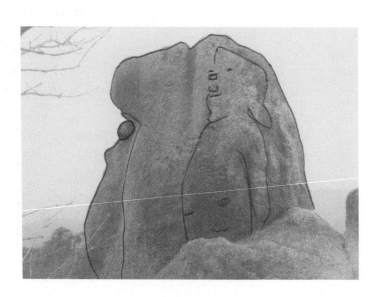

이름을 새긴 것으로 보이는 한글과 한자를 이용한 수많은 형상이 나타나 있다.

처음 등산로 가운데에 이름이 새겨져 있는 바위들을 봤을 때 의문이 들었다. 이름을 새길 만한 바위가 아니며 글씨들도 알아보기 어려울 정도로 얕게 새겨지거나 반듯하지 않았기 때문이다. 바위에 이렇게라도 새기려면 꽤 시간이 걸릴 것인데 이런 식으로 이름을 새길 이유가 없어 보였다. 차츰 이들은 단순히 이름을 새긴 것이 아니라 생명형상을 새긴 것이라는 점을 알게 되었다.

바위에 이름이 새겨져 있으면 우리나라 사람들은 대부분 언짢아한다. 그리고 함부로 이름을 새기거나 하는 행위를 하지 않는다. 우리 민족의 뇌리에는 바위를 함부로 훼손하는 것에 근본적인 거부감이 있으며, 바위의 크기가 클 경우 그러한 심성은 더욱 강해진다. 산악 숭배와 더불어 바위를 중요시하는 뿌리깊은 사상이 전해 내려오고 있기 때문이다. 이제 이러한 사상이 분명한 이유가 있었음이 드러나고 있다. 온대지방으로 식물의 생육조건이 좋은 우리나라는, 자연적으로는 장구한 세월 동안의 풍화로 대부분의 곳에서 바위가 부스러져 흙이 되고, 이곳을 숲이 덮고 있어야 할 것이다.

바위가 드러나 기암절벽이 주는 경이로움과 등산의 묘미를 주는 곳들이 모두 숲으로만 덮여 있다면 어떻게 될까? 사람들은 등산을 위하여 군이 먼 곳까지 크고 높은 산을 찾아가지 않을 것이다. 근처의 야산과 차별성도 없을뿐더러 울창한 숲에 시야가 가려 산의 풍광을 거의 감상할 수 없을 것이기 때문이다.

산에 드러나 있는 바위들은 선인들이 후손에 남긴 빛나는 유산이라 할 수 있다.

뿌리깊게 이어져 온 산악과 바위에 대한 숭배와 보존사상이 지금에 이르러 퇴색될 조짐이 나타나고 있다. 주무장관이 유럽과 중국 등은 산 정상에 건물을 짓고 관광열차나 케이블카를 설치하여 관광수입을 얻는데 왜 우리는 안 되느냐는 TV 인터뷰를 보았다.

거대한 규모의 설산 알프스의 유럽과 직벽 위주의 산이 많은 중국 등에는 그에 맞는 사상이 있고, 우리나라에는 우리나라 산에 맞는 사상이 있을 것이다.

우리 민족은 이러한 사상을 지금까지 뿌리깊게 간직하여 왔다고 할 수 있다.

지금은 다양성과 국제화의 시대라고 한다. 이민자들이 모여 살며 거대한 땅을 가져 인구 밀도가 낮은 국가들은 그에 맞는 사상과 질서를 가져야 할 것이다. 우리나라는 오랫동안 한민족의 문화를 유지하여 왔고 그에 따라 산악숭배와 보존의 사상 또한 면면이 이어져 내려올 수 있었다.

이제 그것이 대단히 중요한 것이었음이 드러나고 있다.

이처럼 각국이 처한 상황에 따라 다양한 형태의 사상과 문화를 보유하고 지켜나가는 것이 국제화 시대의 올바른 다양성이 될 것이다.

붉은 색감이 인물상의 코와 입의 윤곽선을 이루고 있다.

　정상에 이르는 능선에서 바라본 것으로 정상의 암반 우측에 연주대가 보이며, 능선 정면에 바가지를 엎어 놓은 듯한 바위가 보인다.

　앞쪽으로 향해 있는 형상만 보려고 할 때는 알 수 없었던 것이, 차츰 등을 보이며 걸어가고 있는 사람 모습이 보인다.

정상석이 있는 곳 반대쪽에서 보면 산의 능선이 동물의 형상을 띠고 있다.

아래쪽에서 바라본 연주대 바위의 모습

정상 쪽에서 바라본 연주대 바위.

연주대 바위가 층을 이루며 둥글게 여러 갈래로 나뉘어 다듬어져 있다.

네모 형태의 크게 뜬 눈과, 웃는 듯하게 선으로 이루어진 두 눈, 위쪽으로 향한 웃는 듯한 입과 아래쪽으로 그어진 굳게 다물고 있는 듯한 입이 함께 표시되어 있어 4가지 형상으로 보는 것도 가능할 것이다.

아래쪽에 남녀를 상징하는 형상이 나란히 서 있어 전체 형상의 코와 입을 나타내었다.

6장

북악의
미소

북악산이 미소지으며, 때로는 엄한 표정으로 서울을 내려다보고 있다.

큼지막한 두 눈과 코, 흐릿하게 나타나 있는 입이 뚜렷한 얼굴 형상이며, 바라보는 위치에 따라 조금씩 다른 모습을 보인다.

언제부터 이런 모습으로 있었을까?

이를 여러 위치에서 보면 형상이 더 뚜렷하게 다가올 것으로 생각한다.

TV 뉴스 시간에 정치권과 청와대 소식을 접할 때면 매번 등장하는, 북악산을 배경으로 한 청와대 모습이다.

형상의 양눈 사이 위쪽 바위에 또다른 바위가 올려져 있다. 사람의 미간에는 제3의 눈이 있다고 하는데, 이를 표현하고 있는 듯하다.

불상이나 마애불 이마에 보이는 작은 보석이나 빛이 나는 물질도 이를 표상하고 있을 것인데, 실제로는 머리 중앙의 상단전을 의미할 것이다.

　지하철 통행로에 게시되어 있는 설악산 사진으로, 봉정암 뒤쪽 봉우리의 얼굴 형상이 뚜렷하다. 이마 부위에 눈사람 형태의 바위가 서 있는데, 약간 좌측에서 바라보면 이마 부위 가운데에 위치할 것이다. 북악산과 유사한 모습이다.

남산에서 바라본 북악산의 모습이다. 북악산 뒤로는 북한산이 병풍처럼 둘러싸고 있다.

거리가 멀어 작게 보이나 확대하여 보았다. 이는 공중에서 본 것과 같을 것이다.